Ángel de Saavedra. Duque de Rivas

El hospedador de provincia

Barcelona 2024
Linkgua-ediciones.com

Créditos

Título original: El hospedador de provincia.

© 2024, Red ediciones S.L.

e-mail: info@linkgua-ediciones.com

Diseño de cubierta: Michel Mallard.

ISBN rústica ilustrada: 978-84-9816-059-8.
ISBN ebook: 978-84-9897-531-4.

Sumario

Brevísima presentación

La vida

Duque de Rivas, Ángel Saavedra (Córdoba, 1791-Madrid, 1865). España.

Luchó contra los franceses en la guerra de independencia y más tarde contra el absolutismo de Fernando VII, por lo que tuvo que exiliarse a Malta en 1823. Durante su exilio leyó obras de William Shakespeare, Walter Scott y Lord Byron y se adscribió a la corriente romántica con los poemas *El desterrado* y *El sueño del proscrito* (1824) y *El faro de Malta* (1828).

Regresó a España tras la muerte de Fernando VII heredando títulos y fortuna. Fue, además, embajador en Nápoles y Francia.

El hospedador de provincia

¿Quién podrá imaginar que el hombre acomodado que vive en una ciudad de provincia, o en un pueblo de alguna consideración y que se complace en alojar y obsequiar en su casa a los transeúntes que le van recomendados, o con quienes tiene relación, es un tipo de la sociedad española y un tipo que apenas ha padecido la más ligera alteración en el trastorno general, que no ha dejado títere con cabeza? Pues sí, pío lector; ese benévolo personaje que se ejercita en practicar la recomendable virtud de la hospitalidad, y a quien llamaremos el Hospedador de provincia, es una planta indígena de nuestro suelo, que se conserva inalterable, y que vamos a procurar describir con la ayuda de Dios.

Recomendable virtud hemos llamado a la hospitalidad, y recomendada la vemos en el catálogo de las obras de misericordia, siendo una de ellas dar posada al peregrino, y otra, dar de comer al hambriento. Esto basta para que, el que en ellas se ejercite, cumpla con un deber de la humanidad y de la religión, y desde este punto de vista no podemos menos de tributar los debidos elogios al hospedador de provincia. Pero, ¡ay!, que si a veces es un representante de la Providencia, es más comúnmente un cruel y atormentador verdugo del fatigado viajero, una calamidad del transeúnte, un ente vitando para el caminante. Y lo que es yo,

pecador que escribo estos renglones, qui-
siera, cuando voy de viaje, pasar antes la
noche al raso o

en un pastoril albergue
que la guerra entre unos robles
lo olvidó por escondido
o lo perdonó por pobre,

que en la morada de un hacendado de
lugar, de un caballero de provincia o de
un antiguo empleado que haya tenido
bastante maña o fortuna para perpe-
tuarse en el rincón de una administración
Rentas o de una Contaduría subalterna.
Virtud cristiana y recomendada por el
Catecismo es la hospitalidad; pero virtud
propia de los pueblos donde la civiliza-
ción ha hecho escasos progresos. Así se
ve que los países semisalvajes son los más
hospitalarios del mundo, y se sabe que
en la infancia de las sociedades, la hospitalidad era no solo una virtud eminente,
sino un deber religioso, indeclinable, y
del que nacían vínculos indisolubles entre
los individuos, entre las familias y entre
los pueblos.
La hospitalidad de los españoles, en los
remotos siglos, está consignada en las
historias, es proverbial, y que no han
perdido calidad tan eminente, y que la
ejercitan, con las modificaciones empero

que exigen los tiempos en que vivimos, es notorio, pues que los que la practican merecen, con justa razón, ser considerados cual tipos peculiares de nuestra sociedad, como verá el lector benévolo que tenga la paciencia de concluir este artículo, artículo que nos apresuramos a escribir, porque pronto la facilidad de las comunicaciones, la rapidez de ellas, lo que crecen los medios de verificarlas y el aumento y comodidad que van tomando las posadas, paradores y fondas en todos los caminos de España disminuirán notablemente el número de los hospedadores de provincia, o burlarán su vigilancia e inutilizarán su bienintencionada índole, o modificarán su cristiana y filantrópica propensión, hasta el punto de confundirlos con la multitud, que ve ya con indiferencia, por la fuerza de la costumbre, atravesar una y otra rápida, aunque pesada y colosal, diligencia por las calles de su pueblo, o hacer alto un convoy de cuarenta galeras en el parador de la plaza de su lugar. El tipo, pues, de que nos ocupamos es conocidísimo de todos mis lectores que hayan viajado, ya hace cuarenta años, ya ahora, en diligencia, en galera o a caballo, agregado al arriero. Porque ¿cuál de ellos, en uno u otro pueblo del tránsito, no habrá encontrado uno de estos tales, que andan en acecho de viajeros y en espera de caminantes para obsequiarlos? ¿Cuál de ellos no habrá sido portador de una de esas cartas de recomendación que, como a nadie se niegan, se le dan a todo el mundo? ¿Cuál de ellos, en fin, o por su particular importancia, o por sus relaciones en el país que haya atravesado, no habrá tenido un obsequiador? Sí; el hospedador de provincia es conocido por todos los españoles y por cuantos extranjeros han viajado en España.

Va uno en diligencia a Sevilla a despedir a un tío que se embarca para Filipinas, o a Granada a comprar una acción de minas, o a Valladolid, o a Zaragoza, a lo que le da la gana, y tiene que hacer los forzosos altos y paradas para comer y reposar. Y he aquí que apenas sale entumecido de la góndola y maldiciendo el calor o el frío, el polvo o el barro y deseando llenar la panza de cualquier cosa y tender la raspa en cualquiera parte las tres o cuatro horas que solo se conceden al preciso descanso, se presenta en la posada el hospedador solícito, que, al cruzar el coche, conoció al viajero, o que tuvo previo aviso de su llegada, o porque el viajero mismo cometió la imprudencia de pronunciar su nombre cuando llegó al parador, o porque hizo la sandez de hacer uso de la carta de recomendación que le dieron para aquel pueblo. Advertido, en fin, de un modo o de otro, llega, pues, el hospedador, hombre de más de cuarenta años, padre de familia y persona bien acomodada en la provincia, preguntando al posadero por el señor don F., que viene de tal parte y va a tal otra. El posadero pregunta al mayoral, y éste da las señas que se le piden, y corre a avisar al viajero que un caballero amigo suyo desea verlo. Sale al corredor o al patio el cuitado viajero, despeluznado, sucio, hambriento, fatigado, con la barba enmarañada, si es joven y la deja crecida, o con ella blanquecina y de una línea de larga, si es maduro y se la afeita; con la melena aborrascada, si es que la tiene, o con la calva al aire, si es que se la oculta y esconde artísticamente; o con la peluca torcida, si acaso con ella abriga su completa desnudez; y lleno de polvo, si es verano; y de lodo, si es invierno; y siempre mustio, legañoso e impresentable. Y se halla al frente con el hospedador, vestido de toda etiqueta con el frac que le hicieron en Madrid diez años atrás, cuando fue a la jura, pero que se conserva con el mismo lustre con que lo sacó de la tienda, y con un chaleco de piqué que le hizo Chassereau cuando vino el duque de Angulema, y con un cordón de abalorio al cuello y alfiler de diamantes al pecho, y guantes de nuditos; en fin: lo más elegante y atildado que ha podido ponerse, formando una notable antítesis con el desaliñado y negligente traje del viajero.

No se conocen, pero se abrazan, y en seguida el hospedador agarra del brazo al viajero, y le dice con imperioso tono: «Venga usted, señor don Fulano, a honrarme y a tomar posesión de su casa». El viajero le da las gracias cortésmente y le manifiesta que está rendido, que está impresentable, que no se detiene la diligencia más que cuatro horas; pero el hospedadero no suelta su presa, y después de apurar todas las frases más obligatorias y de prohibir al posadero que dé a su huésped el más mínimo auxilio, se lo lleva trompicando por las mal empedradas calles del lugar a su casa, donde ya reina la mayor agitación preparando el recibimiento del obsequiado.

Salen a recibirlo al portal la señora y las señoritas, con los vestidos de seda que se hicieron tres años antes, cuando fueron a la capital de provincia a ver la procesión del Corpus, y la mamá, con una linda cofia que de allí le trajo la última semana el cosario, y las niñas, adornadas sus cabezas con las flores de mano que sirvieron en el ramillete de la última comida patriótica que dio la milicia del pueblo al señor jefe político. Y la madre e hijas, con su cadena de oro al cuello, formando pabellones y arabescos en las gargantas, y turgentes pecheras, llevando además las manos empedradas en sortijones de grueso calibre. Queda el pobre viajero corrido de verse tan desgalichado y sucio entre damas tan atildadas, por más que le retoza la risa en el cuerpo notando lo heteróclito de su atavío; y haciendo cortesías y respondiendo con ellas a largos y pesados cumplimientos, lo conducen hasta el estrado, y lo sientan en el sofá cuando él desea hacerlo a la mesa. Al verse mi hombre en tal sitio vuelve a pensar en su desaliño y desaseo, y trasuda, y pide que le dejen un momento para lavarse, y..., pero en vano: el obsequiador y su familia le dicen que está muy bien, que aquélla es su casa, que los trate con franqueza y otras frases de ene, que ni quitan el polvo, ni atusan el cabello, ni desahogan el cuerpo; pero que manifiestan que está mal, que aquélla no es su casa y que no hay asomo de franqueza.

Pronto llegan varios amigos y parientes del obsequiador, el señor cura y otros allegados; nuevos cumplimientos, nuevas ofertas, nuevas angustias para el viajero. Llena la sala de gente, el hospedador y su esposa desaparecen para activar las disposiciones del obsequio. Y mientras retumba el abrir y cerrar de antiguas arcas y alacenas, de donde se está sacando la vajilla, la plata tomada y la mantelería amarillenta, resuenan los pasos de mozos y criadas que cruzan desvanes y galerías, y se oyen disputas y controversias, y el fragor de un plato que se estrella, y de un vaso que se rompe, y el cacareo de las gallinas a quienes se retuerce a deshora el pescuezo; y se percibe el chirrido del aceite frito, perfumándose la casa toda con su penetrante aroma. Una de las niñas de la casa se pone a tocar un piano. Pero ¡qué piano, ánimas benditas...: qué piano! La fortuna es que, mientras cencerrean sus cuerdas sin compás ni concierto una pieza de Rossini, que no la conociera la misma Colbrand, que, sin duda, no se le debe de despintar ninguna de las de su marido, el señor cura está discutiendo sobre la política del mes anterior con el pobre caminante, que daría por haber ya engullido un par de huevos frescos y por estar roncando sobre un colchón toda la política del Universo.

Concluye la sonata, y un mozalbete, que es siempre el chistoso del pueblo, toma la guitarra y canta las caleseras, y luego hace la vieja con general aplauso, y luego, para que se vea que también canta cosas serias y de más miga, entona, tras de un grave y mesurado arpegio, la Atala, el Lindoro y otra pieza de su composición.

Y gracias a que saltaron la prima y la tercera, y a que no hay ni en la casa, ni en la del juez, ni en la del barbero, ni en la botica, ni en todo el pueblo cuerdas de guitarra, aunque se le han encargado ya al arriero, cesa la música súbitamente, con un gran sentimiento de todos, y pidiendo repetidos perdones al viajero, que está en sus glorias creyendo que este incidente dará fin al sarao y apresurará la llegada de la cena. Pero está en el salón el hijo del maestro de escuela, que acaba de llegar de Madrid y que representa maravillosamente, imitando a Latorre, a Romea y a Guzmán, y todos a una voz le piden un pasillo. El se excusa con que está ronco, con que se le han olvidado las relaciones, porque hace días que no representa sus comedias, y con que no está allí su hermana, que es la que sale con él para figurar. Pero insisten los circunstantes. Y va el cómico titubea, anheloso de gloria. Y al verle poner una silla en medio del estrado, para que le sirva de dama una de las señoritas de la casa, por mera complacencia, se presta a hacer el papel de la silla, y se pone en pie, entre el general palmoteo. «¡Silencio, silencio!», gritan todos los criados y criadas de la casa, y hasta los gañanes y mozos de la labor se agolpan, solícitos, a la puerta de la sala. Las personas machuchas que rodean al obsequiado le dicen, sotto voce: «¡Verá usted qué mozo! ¡Verá usted qué portento! « Y el hijo del maestro de escuela, con tono nasal y recalcado, sale con una relación de El zapatero y el rey, estropeando versos y desfigurando palabras, y con tal manoteo y tan descompasados gritos, que el auditorio, nemine discrepante, le proclama el Roscio, el Talma, el Máiquez de la provincia. Piden en voces altas otro paso, y el actor se descuelga con un trocito del Guzmán. que tiene igual éxito. Y porque está ya ronco y sudando como un pollo, se contentan los concurrentes con que les dé, por fin, algo de la Marcela. Concluida la representación, cree el obsequiado que cesará el obsequio, y en verdad que fuera razón. Pero como aún no está lista la cena, el obsequiador y su esposa, que ya han concluido el tomar disposiciones, y que ya han dejado sus últimas órdenes a la cocinera y al ama de llaves, vuelven al salón. Y empiezan a enredar en laberinto de palabras al huésped, contándole lo bueno que estaba el pueblo el año pasado y lo mucho que se hubiera divertido entonces, porque había un regimiento de guarnición, con una oficialidad brillante. El soñoliento, hambriento y fatigado viajero bosteza y responde con monosílabos, y pregunta de cuando en cuando: «¿Cenaremos pronto?» Y el patrón le dice al instante, y sigue contándole cómo se hicieron las últimas elecciones, los proyectos que tiene el actual alcalde de hermosear la villa y otras cosas del mismo interés para el viajero, cuando ve entrar al sobrino del señor cura, y en él, un ángel que le ayude a divertir al obsequiado mientras llega la cena, que se ha atrasado porque el gato ha hecho no sé qué fechoría allá en la cocina. Efectivamente, el sobrino del señor cura es poeta; improvisa, y en dándole pie, se está diciendo décimas toda una noche. Entra en corro; las señoritas de la casa hacen el oficio de la fama, patentizando al huésped su clase de habilidad. Todos le rodean, le empiezan a dar pie, y él arroja versos como llovidos. Ya no puede más el cuitado viajero -¡qué desfallecimiento!, ¡qué fatigas!, ¡qué vahídos!...-, cuando, afortunadamente, vuelve a la sala la señora, que salió un momento antes a dar la última mano al obsequio, y dice: «Vamos a cenar, si usted gusta, caballero...» «¡Santa palabra!», grita la concurrencia, y todos se dirigen al comedor.

¡Espléndida, magnífica cena! Veinte personas van a devorarla, y hay ración para ciento. ¡Qué botellas tan cucas! De vidrio cuajado con guirnaldas de florecitas y letreros dorados, que dicen: « ¡Viva mi dueño! ¡Viva la amistad!» Una gran fuente redonda ostenta, entre cabezas de ajos y abultadas cebollas, unas veinte perdices despatarradas y aliabiertas, cuál boca abajo, cuál panza arriba, cuál acostadita de lado, donde envidia al aburrido viajero. En otra gran fuente ovalada campean seis conejos descuartizados prolijamente; allá perfuman el ambiente con su vaho veinticuatro chorizos fritos; acullá exhalan el aroma del clavo y de la canela ochenta albondiguillas como bolas de billar. ¡Qué de menestras! ¡Qué de ensaladas! Servicio estupendo, aunque muchas cosas están ahumadas, otras achicharradas, casi todo crudo por la prisa y todo frío por el tiempo que se ha tardado en colocarlo con simetría grotesca.

Náuseas le dan al pobre viajero de ver ante sí tanta abundancia, y más cuando todos le hostigan a que coma «sin cortedad, porque no hay más», y cuando la señora y las niñas de casa le dan cada una con la punta del tenedor su correspondiente finecita. Y cuando el hospedador le insta a repetir y comer con toda confianza, y se aflige de lo poco que se sirve, olvidando que

comer hasta matar el hambre es bueno,
y hasta matar al comedor es malo.

Mas ¿quién encaja este axioma en la mollera de un hospedador de provincia por más que lo recomiende Quevedo?..

Los platos se suceden unos a otros como las olas del mar embravecido: al de las perdices, arrebatado por una robusta aldeana alta de pechos y ademán brioso, le sustituye otro con pavo a medio asar; al de los conejos, levantado por los trémulos brazos arremangados de una viejezuela, otro con un jamón más salado que una sevillana. Y ocupa el puesto de los chorizos, la fruta de sartén, y el de las menestras, mostillo, arroje, tortas, pasas, almendrucos, orejones y fruta, y calabazate, y leche cuajada, y natillas, y... ¿qué sé yo? Aquello es una inundación de golosinas, un aluvión de manjares, que parece va a añadir una capa más a nuestro globo. Y ya circula un frasco cuadrado, y capaz de media azumbre, de mano en mano derramando vigorosísimo anisete. Y el cantor de la tertulia entona canciones patrióticas, y el poeta improvisa cada bomba que canta el misterio, y el declamador declama trozos del Pelayo, y la señora de la casa se asusta porque su marido, el hospedador, trinca demasiado y luego padece de irritaciones, y las señoritas fingen alarmarse porque hay allí un chistoso que dice cada desvergüenza como el puño, y todo es gresca, broma, cordialidad y obsequio, cuando, por la misericordia de Dios, la voz ronca del mayoral, gritando en el patio: «¡Al coche, al coche! Hemos perdido más de una hora; no puedo esperar más», viene a sacar al viajero de aquel pandemónium, donde a fuerza de obsequios lo tienen padeciendo penas tales, que en su cotejo parecerían dulces las de los precitos.

El amo de la casa aún defiende su presa en los últimos atrincheramientos; empieza por decirle con voz de cocodrilo que deje ir el coche, que en la góndola venidera proseguirá el viaje. Pero como halla una vigorosa repulsa, tienta al mayoral de todos los modos imaginables, con halagos, con vino, con aguardiente, con dinero, en fin, y nada, el mayoral se mantiene firme contra tantas seducciones, y salva a su viajero, y lo saca de las manos del hospedador como el Ángel de la Guarda salva y saca de las manos del encarnizado Luzbel a un alma contrita.

Cuanto dejamos dicho que acaece con el viajero de diligencia ocurre con el de galera o caballería, sin más diferencia que dilatarse algo más el obsequio con una cama que compite con el cielo, y cuya colcha de damasco, que ruge y se escapa por todos lados, como si estuviera viva, no deja dormir en toda la noche al paciente obsequiado.

También tiene el obsequio de los hospedadores de provincia sus jerarquías, y si es intolerable y una desgracia para un particular, es para un magistrado, intendente o jefe político una verdadera desdicha; para un capitán general, diputado influyente o senador parlante, una calamidad, y para un ministro electo que vuela a sentarse en la poltrona, un martirio espantoso, un azote del Cielo, una terrible muestra de las iras del Señor, un ensayo pasajero de las penas eternas del infierno.

Aconsejamos, pues, al viajero de bien, esto es, al que solo anhela llegar al término de su viaje con la menor incomodidad posible, que evite las asechanzas de los hospedadores, de sus espías y de sus auxiliadores; y para lograrlo no fuera malo se proveyese de parches con que taparse un ojo, de narices de cartón con que desfigurarse o de alguna peluca de distinto color del de su cabello que variase su fisonomía, ya que no está en uso caminar con antifaz o antiparra, como en otro tiempo; y con tales apósitos debería disfrazarse y encubrirse a la entrada de los pueblos donde tuviese algún conocido, usando de estas prudentes precauciones, amén de las ya sabidas y usadas por los prudentes viandantes de no decir su nombre en los mesones y posadas, y de no hacer uso, sino en casos fortuitos, de las cartas de recomendación Pero si los hospedadores de provincia son vitandos para los viajeros de bien, pueden ser una cucaña, una abundante cosecha para los aventureros y caballeros de industria, que viajan castigando parientes y conocidos como medio de comer a costa ajena, de remediarse unos días y de curarse de la terrible enfermedad conocida con la temible calificación de hambre crónica.

A unos y a otros creemos haber hecho un importante servicio llamándoles la atención sobre esta planta indígena de nuestro suelo: a aquéllos, para que procuren evitar su contacto; a éstos, para que lo soliciten a toda costa.

Madrid, 1839.

Fin

Libros a la carta

A la carta es un servicio especializado para
empresas,
librerías,
bibliotecas,
editoriales
y centros de enseñanza;
y permite confeccionar libros que, por su formato y concepción, sirven a los propósitos más específicos de estas instituciones.

Las empresas nos encargan ediciones personalizadas para marketing editorial o para regalos institucionales. Y los interesados solicitan, a título personal, ediciones antiguas, o no disponibles en el mercado; y las acompañan con notas y comentarios críticos.

Las ediciones tienen como apoyo un libro de estilo con todo tipo de referencias sobre los criterios de tratamiento tipográfico aplicados a nuestros libros que puede ser consultado en Linkgua-ediciones.com.

Linkgua edita por encargo diferentes versiones de una misma obra con distintos tratamientos ortotipográficos (actualizaciones de carácter divulgativo de un clásico, o versiones estrictamente fieles a la edición original de referencia).

Este servicio de ediciones a la carta le permitirá, si usted se dedica a la enseñanza, tener una forma de hacer pública su interpretación de un texto y, sobre una versión digitalizada «base», usted podrá introducir interpretaciones del texto fuente. Es un tópico que los profesores denuncien en clase los desmanes de una edición, o vayan comentando errores de interpretación de un texto y esta es una solución útil a esa necesidad del mundo académico.

Asimismo publicamos de manera sistemática, en un mismo catálogo, tesis doctorales y actas de congresos académicos, que son distribuidas a través de nuestra Web.

El servicio de «libros a la carta» funciona de dos formas.

1. Tenemos un fondo de libros digitalizados que usted puede personalizar en tiradas de al menos cinco ejemplares. Estas personalizaciones pueden ser de todo tipo: añadir notas de clase para uso de un grupo de estudiantes, introducir logos corporativos para uso con fines de marketing empresarial, etc. etc.

2. Buscamos libros descatalogados de otras editoriales y los reeditamos en tiradas cortas a petición de un cliente.

LK